Dans ce livre sont présentées plusieurs pièces de théâtre à jouer pour les enfants de cinq à douze ans. Les professeurs de théâtre, les parents et les bambins vont se régaler !

Les pièces à jouer :

Autorité zéro !

C'est quoi la vie ?

Une araignée dans ma chambre !

Viens cueillir une fleur...

La maîtresse s'arrache les cheveux !

Plus tard je serai...

Un cours de danse

Première pièce :

Autorité zéro !

Autorité zéro !

Jean est un garçon de neuf ans qui déteste l'école et il déteste encore plus faire ses devoirs, aussi, lui faire réviser ses leçons relève de l'impossible ! C'est un vrai défi pour ses pauvres parents qui, n'en pouvant plus, ont demandé à sa tante Léa de prendre le relais.

Les personnages :
Jean, le garçon terrible,
Léa, sa tante.

Léa

Fais tes devoirs Jean.

Jean

Non, je préfère les faire demain, ce sera mieux. Je serai plus concentré.

Léa

Pardon ?

Jean

Je préfère les faire demain ! Tu es sourde ou quoi ? Pour le moment, je joue. Ne me dérange pas.

Léa

Mais ce n'est pas toi qui décides !

Jean

Toi non plus.

Léa

Comment ça ?

Jean

Oui tu n'es pas ma mère, tu es seulement ma tata ! Tu n'as donc aucun droit d'autorité sur moi !

Léa

Je rêve ! J'aurai tout entendu ma parole ! Tu n'as pas à me parler sur ce ton mon petit bonhomme, je te signale que je suis une grande personne et toi, tu n'es qu'un enfant, donc, tu m'obéis. Un point c'est tout !

Jean

Tu n'es pas si grande que cela. Tu ne mesures même pas un mètre cinquante ! Tu parles d'une grande personne !

Léa

Fais tes devoirs avant que je m'énerve !

Jean

Tu n'as pas non plus le droit de t'énerver contre moi, tu n'es que ma tata ! Si tu me cries après, je répéterai tout à mes parents !

Léa

Ce sont tes parents qui m'ont demandé de prendre le relais et les pauvres je les comprends ! Tu as tout intérêt à m'obéir si tu ne veux pas avoir d'ennuis et qu'ils te punissent…

Jean

Cela m'est égal, ils ne me punissent jamais, ils ne savent pas ce que c'est que l'autorité. C'est moi qui décide à la maison. Et puis toi, tu n'es que la tata, ils ne te croiront jamais ! Je suis leur fils unique et chéri. Si j'étais toi, j'arrêterais de m'obstiner. Laisse-moi plutôt terminer ma partie de console tranquillement. Tu vas finir par me faire perdre !

Léa

Fais tes devoirs Jean ou je débranche la prise de cette télévision !

Jean

Je te l'interdis ! Tu n'es pas chez toi ici, c'est ma maison !

Léa

Parfait ! Tu l'auras voulu !

Léa débranche la prise de la télévision. Jean est sidéré ! Jamais personne ne lui tient tête d'habitude ! Il reste sans voix et lance un regard noir à sa tante.

Léa
Maintenant tu vas te dépêcher de faire tes devoirs !

Jean
Pourquoi devrais-je me dépêcher en plus ? Tu es payée à l'heure ou quoi ?

Léa
Tu sais ce que tu mériterais ?

Jean
Non quoi ?

Léa se met alors en colère comme jamais elle ne l'a été :

Léa

Que je te dévisse la tête ! Tu n'es qu'une petite pourriture qui emmerde le monde depuis ta naissance !!! Tu n'as aucun respect pour personne et une insolence hors pair ! Tu veux que je te dise ? Tes parents sont beaucoup trop gentils avec toi ! Si tu étais mon fils, je te promets que tu filerais droit ! Mais pour qui te prends-tu enfin ? Sale gosse va ! Personne ne peut plus t'encadrer ! Tu insupportes tout le monde espèce de petit merdeux !!!

Le petit garçon reste silencieux et observe sa tante un long moment avant de répondre, tout penaud :

Jean

Waouh ! Tout ça !

Léa

Oui ! Et encore je me retiens !

Jean

Je suis vraiment tout ce que tu viens de dire ?

Léa

Oui !

Jean est tout à coup peiné. Il baisse la tête et se met à pleurer :

Jean

Je suis vraiment comme ça ???

Léa

Oui ! Un affreux merdeux qui est beaucoup trop chanceux ! D'ailleurs, je me demande comment tu fais pour être heureux en te comportant ainsi !

Les sanglots de Jean redoublent. Il se prend la tête dans les mains et bredouille :

Jean

Mais je ne suis pas heureux !!!

Léa

Ah tu vois ! Alors pourquoi ? Pourquoi n'es-tu pas sage ? Pourquoi n'obéis-tu pas ? Pourquoi contestes-tu tout ce que les adultes te demandent de faire ???

Jean se met à hurler de désespoir :

Jean

Parce que j'aime paaaasssss !

Léa

Tu n'aimes pas quoi ?

Jean

Tout çaaaaaaaaaa !!!!!

Léa

Ça quoi ?

Jean

Çaaaaaaaaaaa !!!!! Tout ce que tu as dit !!!

Léa

C'est à dire ?

Jean

Çaaaaaaaaaaa !!!!!

Léa

Arrête de faire le bébé enfin ! Exprime-toi normalement !

Jean

Je ne peux paaaaaaaassssss !

Léa

Pourquoi ?

Jean

Parce qu'en plus d'être un merdeux pourri gâté comme tu le dis, je suis aussi un gros bébé ! Et, j'ai tellement mal à mon petit cœur maintenant ! Tu as raison, je me rends compte que je suis vraiment invivable ! Mes pauvres parents n'en peuvent plus et s'ils sont tristes parfois, c'est à cause de moi, c'est de ma faute ! Je suis nuuuuuuuulllll !!!!!!

Le garçonnet est inconsolable. En voyant son neveu dans cet état, sa tante se calme et se rapproche de lui pour le consoler :

Léa

Voyons Jean, j'y ai peut-être été un peu fort, mais il fallait que quelqu'un te parle franchement. Tu comprends ?

Jean

Oui, mais maintenant, je me sens tellement nuuuuuuuuuuul !

Léa

Allez, c'est fini. Sèche tes larmes.

Jean se met à pleurer de plus en plus fort et confie alors à sa tante :

Jean

Et mes devoirs ? Il faut que je les fasse tout de suite, mais je suis tellement nuuuuuuullllllll ! Je n'y comprends rien en plus !!!!

Touchée par le désespoir de son neveu, la femme se radoucit et lui propose alors :

Léa

Bon. Attends. On les fera plus tard, rien ne presse. Pour le moment, détends-toi un peu, tu ne vas rien retenir du tout dans cet état ! Il faut d'abord te calmer. Je reviens te voir un peu plus tard.

Léa quitte la scène. Jean la regarde partir, puis, il se rapproche du public et tout sourire, leur confie d'une voix forte et pertinente :

Jean

Et voilà ! J'ai encore gagné ! Quelle nulle cette tata ! Avec un peu de chance et en jouant encore la comédie, je peux même espérer qu'elle oubliera mes devoirs ! En attendant, je continue ma partie de console !

Jean rallume la télévision, se rassoit dans le canapé et continue sa partie de console.

FIN

Deuxième pièce :

C'est quoi la vie ?

C'est quoi la vie ?

Alicia, une petite fille de six ans, regarde les images d'un magnifique ouvrage qui s'intitule : la vie. Cette petite fille, d'un tempérament très curieux s'interroge sur tout un tas de choses. Elle a l'âge de poser des questions, des questions essentielles, parfois étonnantes et amusantes. Il y a plein de choses qu'elle ne comprend pas dans ce livre, aussi, elle court voir ses grands-parents afin d'avoir les réponses à ses questions.

Les personnages :
Alicia, la fillette,
Cécile : sa grand-mère,
Loïc : son grand-père.

Alicia

Dites, mamie et papy, c'est quoi la vie ?

Cécile

C'est plein de choses fabuleuses !

Alicia

C'est à dire ?

Loïc

Eh bien, ce sont les rencontres que tu peux faire par exemple ! Comme le jour où j'ai connu ta grand-mère. C'était une toute jeune femme à l'époque !

Cécile

Je te remercie Loïc, j'ai tant vieilli que cela ?

Loïc

Oui un petit peu, mais je t'aime comme au premier jour ! *puis il s'adresse à sa petite-fille* Tu vois Alicia, la vie c'est vieillir par exemple. C'est normal ! Quand on prend de l'âge, on devient ridé comme des tortues !

Alicia se met à rire.

Alicia

Et la vie, ça peut être par exemple : les insectes qui sont dans le jardin ?

Cécile

Oui par exemple.

Alicia

Et ça peut-être : la pluie aussi ? Les nuages ? Le tonnerre et la neige ?

Loïc

Oui, on appelle cela les saisons.

Alicia

Et les arbres et les fleurs ? Ils vivent aussi ?

Cécile

Oh oui ma petite et ils nous sont indispensables !

Alicia

Pourquoi ?

Loïc

Les arbres produisent de l'oxygène, c'est ce qui nous permet de respirer.

Alicia

Mais alors, s'ils nous sont utiles, pourquoi les gens coupent les arbres ?

Loïc

Pour en faire des meubles, pour créer des choses avec le bois, pour se chauffer avec, quand il fait froid, ils font brûler du bois dans la cheminée.

Alicia

Mais c'est important de respirer ! Il ne faut pas couper autant de bois !

Cécile

Si seulement les gens pouvaient t'entendre ma petite chérie.

Alicia se rapproche de la scène où se trouve le public et leur dit :

Alicia

Vous m'entendez vous ? Il ne faut plus couper autant d'arbres ! Vous avez entendu mes grands-parents ? On en a besoin pour respirer ! C'est compris ?

Vous pouvez aller le dire à ceux qui en coupent encore ?

La petite fille retourne auprès de ses grands-parents. Sa grand-mère lui sourit gentiment et lui caresse les cheveux avant de lui dire :

Cécile

Et si tu me dessinais la vie ? Que mettrais-tu sur la feuille ?

Alicia

Oh, tout plein de choses alors ! Je dessinerai des fleurs et puis un soleil et aussi des bonshommes et des bonbons qui poussent dans les arbres !

Loïc

C'est très joli Alicia.

Alicia

Et puis sur une autre feuille, je ferai des gros cœurs avec des baisers volants, pour montrer que je vous aime très fort !

Cécile

C'est adorable ma puce !

Loïc

Eh oui… C'est ça aussi la vie, c'est savoir aimer.

Alicia

C'est beau d'aimer… Moi, j'aime tout le monde très fort sauf Benjamin.

Cécile
Qui est Benjamin ?

Alicia
C'est un affreux garçon qui est dans ma classe. Il n'arrête pas de se moquer de moi ! Je le déteste !

Loïc
Il ne faut pas.

Alicia
Si ! Il est trop méchant ! De toute façon,

personne ne l'aime dans la classe, tout le monde voudrait qu'il parte ! Mais à part lui, j'aime tout le monde !

Cécile
Tu veux nous dessiner la vie Alicia ?

Alicia
Oui, mais je ne sais pas encore très bien dessiner…

Loïc
Je suis sûr que ton dessin sera parfait.

Alicia
J'aimerais tellement dessiner plein de belles choses !

Cécile

Quand tu seras plus grande Alicia… Plus tu grandiras et plus tes croquis seront réalistes.

La petite fille s'applique à faire des ronds et des cœurs sur une feuille puis la tend à ses grands-parents.

Loïc et Cécile

C'est magnifique !

Alicia

Vous savez ce que c'est ?

Loïc et Cécile

Oui !

Alicia montre le public avec son doigt et demande à ses grands-parents :

Alicia
Et eux ? Dans le public ? Vous croyez qu'ils savent ce que j'ai dessiné ? Vous, mamie et papy, vous le savez parce que vous m'aimez, mais eux ?

Loïc et Cécile
Montre-leur !

Alicia se rapproche du public et leur explique en montrant sa feuille :

Alicia

Bon voilà. Ça, c'est mon dessin, je n'ai fait que des cœurs et des ronds, mais je ne sais pas dessiner autre chose alors je vais vous raconter mon dessin : c'est l'histoire d'une petite fille qui aime tout le monde sur Terre et qui envoie des baisers volants à tous ceux qui veulent encore couper les arbres, pour leur demander d'arrêter. L'amour, ça peut faire changer les choses !

Alicia quitte la scène. Noir.

FIN

Troisième pièce :

Une araignée dans ma chambre !

Romain est un petit garçon de sept ans qui adore qu'on lui raconte une histoire le soir, avant qu'il ne s'endorme. Dès que maman ou papa ou grande-sœur, ou grand-frère referme le livre d'images, Romain fait des rêves délicieux. Mais ce soir-là, il n'arrive pas à trouver le sommeil, car une araignée a décidé de loger sous sa commode et le bambin est terrorisé par sa présence !

Les personnages :
Romain : ***le petit-garçon,***
Béatrice : ***sa maman,***
Fabien : ***son père,***

Elsa : *sa grande-sœur*

Damien : *son grand-frère.*

Romain est seul dans son lit et en voyant l'araignée, il appelle à l'aide sa famille :

Romain

À l'aide ! À l'aide ! Au secours !

Le père du petit garçon arrive alors en courant et lui demande, affolé :

Fabien

Qu'est-ce qu'il y a fiston ? Que se passe-t-il ??? Tu as fait un cauchemar ?

Romain

Non papa, c'est pire que ça !

Béatrice, la maman, entre à son tour dans la chambre de son fils :

Béatrice

Mon Dieu ! Je t'ai entendu hurler d'en bas ! Que t'arrive-t-il Romain ?

Romain

Je suis en danger !!!

Fabien (*interdit*)

C'est à dire ?

Elsa et Damien arrivent à leur tour pour voir pourquoi leur petit frère a crié aussi fort.

Elsa et Damien

Oh là là ! On ne peut pas dormir tranquillement dans cette maison ! Que se passe-t-il encore ? Qu'est-ce qu'il a cet avorton ?

Romain

Je suis en danger !!! Il faut que vous m'aidiez !

Fabien (*s'impatientant*)

Mais dis-nous ce qu'il t'arrive enfin ???

Romain

Regardez ! Là ! *Romain montre le dessous de sa commode* C'est là qu'elle se cache !

Là ! Je l'ai vue se glisser sous ma commode !

Damien

Mais de quoi parles-tu ?

Romain

D'une araignée !!!

Béatrice

Mais enfin mon chéri, on ne crie pas ainsi pour une araignée ! Tu nous as fait une de ces peurs !

Romain

Pourquoi ? Vous m'avez bien dit de

crier si j'étais en danger ?

Elsa

Mais enfin petit frère, pour un vrai danger ! Pas pour ça !

Le petit garçon se met à s'énerver :

Romain

Mais c'est un vrai danger ! Elle est énorme ! Elle est aussi grosse qu'une mygale et les mygales ça pique !

La petite famille se penche alors sous la commode et les parents font remarquer en riant :

Fabien et Béatrice

Mais enfin Romain, elle est minuscule cette araignée !!!

Fabien attrape l'araignée avec ses mains et c'est alors que des hurlements stridents se font entendre ! Elsa se met à crier en premier en courant vers la porte, rejoint aussitôt par son frère et par sa mère qui continuent de hurler de plus belle. Tout le monde veut sortir, mais la porte d'entrée semble être bloquée !

Romain

Vite ! Vite ! Il faut sortir ! Elle va nous manger tout crus !

Elsa

Papa ! La porte ne s'ouvre plus ! Viens nous aider !!!

Romain

Vite ! Vite !

Béatrice

Poussez la porte les enfants ! Tirez la porte les enfants !!! Vite, il faut quitter cette chambre ! Hiiiiiiiiiiiiiiii !!!!

Voyant l'affolement de sa petite famille, Fabien est sidéré. Il en reste sans voix, mais les cris lui donnent très mal aux oreilles. Il repose alors l'araignée au sol et les rejoint pour débloquer la porte. Il finit par y parvenir.

Béatrice

Ah enfin ! J'ai eu tellement peur que nous restions tous coincés ici !

Romain

Et moi donc !

Elsa

Comme quoi tout s'arrange ! Papa tu es génial ! Tu as tué l'araignée et tu as débloqué la porte !

Fabien regarde alors sa famille avec un air gêné avant de leur avouer :

Fabien
Heu... En fait... Je...Je ne l'ai pas tuée...

Romain, Béatrice et Elsa
Quoi ???

Romain (*affolé*)
Mais où est-elle ??? Où est-elle papa ???

Fabien
Je l'ai laissée tomber par terre quand je suis venu vous aider pour la porte...

Romain, Béatrice et Elsa

Quoi ??? Oh non !!!

Romain

Mais comment je vais dormir sachant que l'araignée est dans ma chambre ???

Elsa

Mais comment je vais dormir sachant que j'ai la chambre à côté de celle de Romain et que l'araignée peut très bien arriver jusqu'à mon lit ???

Béatrice

Et comment vais-je dormir en sachant que nous avons la chambre juste à côté de nos enfants et que cette araignée peut très bien aussi venir nous chatouiller les pieds ???

Fabien

Mais enfin chérie, donne un peu l'exemple aux enfants ! Je croyais que tu n'avais pas peur des araignées ! Tu as dit toi-même tout à l'heure qu'elle était minuscule !!!

Béatrice

Eh bien j'ai menti !

Fabien

Mais enfin chérie, on ne ment pas ! Pas devant les enfants !

Elsa

Vous êtes pitoyables de vous disputer comme ça devant nous… J'ai franchement honte parfois de dire que vous êtes mes parents !

Romain

Moi aussi ! Trop honte !

Fabien

Eh bien si vous avez honte, alors allez vous coucher et tuez vous-même vos araignées !

Elsa

Après tout, c'est de votre faute si Romain et moi on a peur des insectes. Vous nous avez transmis ça !

Romain

Oui ! C'est génétique !

Béatrice

C'est fou d'entendre ça !

Elsa regarde alors par terre et se met à hurler :

Elsa

La voilà ! La voilà !!!

Romain se met à crier à son tour :

Romain

Oh quelle horreur ! Le monstre ! Le monstre ! Au secours ! Aidez-nous ! On a des parents qui ne peuvent rien faire ! Ils ont aussi peur que nous !!!

Fabien

Arrêtez de crier comme ça ! Les voisins vont croire qu'on vous bat !!!

Romain

Au secours ! Au secours ! Il y a une araignée dans notre chambre !

Elsa

Au secours ! Au secours ! Il y a une araignée dans la chambre de mon petit frère !

Béatrice

Venez ! Allons tous dormir dans le canapé ! Demain il fera jour et nous pourrons plus facilement tuer cet affreux insecte !

Fabien

Mais enfin chérie, il n'y a que trois places dans le canapé !!!

Elsa

Et alors, tu n'as pas peur des araignées toi ! Tu n'arrêtes pas de le clamer ! Tu n'auras aucun mal à dormir dans TA chambre !

Béatrice et ses enfants quittent la pièce, laissant Fabien complètement ahuri. Ce dernier reste un moment sans rien dire, puis hausse les épaules et s'adresse au public :

Fabien

Bon, ben au moins je n'ai pas tout perdu ! Je peux tranquillement regarder le match de foot ce soir, sans avoir ma femme dans les pattes, qui geint pour un rien en disant : *oh c'est nul ton programme...* D'ailleurs, c'est à retenir ça ! Dès que je veux être pépère, je fous des araignées dans leurs chambres !

Noir.

FIN

Quatrième pièce :

Viens cueillir une fleur...

Viens cueillir une fleur...

Marie et Robin sont en vacances chez leurs grands-parents. Ce sont des enfants de 4 et 5 ans qui adorent aller dans le jardin de papy et de mamie. Les deux bambins aiment beaucoup jardiner et sentir les belles fleurs qui se trouvent devant eux. La journée est radieuse, un soleil de plomb est au rendez-vous de ce beau matin d'été.

Les personnages :
Leopold : **le grand-père,**
Caroline : **la grand-mère,**
Marie : **la petite-fille,**
Robin : **le petit-garçon.**

Marie

Mamie, cette fleur-là, comment elle s'appelle ?

Caroline

C'est un coquelicot ma puce.

Marie

Mmmmm. Comme elle sent bon !

Robin

Moi je sais reconnaître ces fleurs : ce sont des roses !

Leopold

Oui, c'est bien Robin !

Robin

Je me souviens de leur nom grâce à l'histoire du petit prince.

Marie

Oui ! Elle est très jolie cette histoire ! Papy, mamie, vous pouvez nous la raconter de nouveau ?

Caroline (*riant*)

Encore !

Robin et Marie

Ouiiiiiii !

Leopold

C'est entendu, nous vous la lirons ce soir avant que vous ne vous endormiez.

Marie

Merci !

Robin

On adore quand vous imitez les voix ! J'aime beaucoup quand grand-père fait le renard !

Marie

Et moi quand mamie fait le petit prince ! C'est trop rigolo !

Caroline

C'était mon histoire préférée quand j'étais petite vous savez. C'est un très joli conte. Oh ! Regardez derrière vous les enfants ! Comme cette fleur est jolie ! Vous la connaissez ?

Leopold

Je pense que c'est la première fois que nos petits-enfants la voient celle-ci...

Robin et Marie

Oh, comme elle est belle ! On peut la cueillir ?

Caroline

Non les enfants, il vaut mieux la laisser dans la terre.

Robin
Pourquoi mamie ?

Caroline
Pour qu'elle continue de vivre mon petit bonhomme !

Marie
Les fleurs, elles vivent comme dans l'histoire du petit prince ?

Leopold
Oui Marie.

Robin

Alors il ne faut pas les cueillir du tout ?

Marie

Ben non Robin ! Même si c'est dommage, car c'est très joli dans un vase.

Robin

Oh ! Je sais ce qu'on peut faire pour avoir des fleurs dans la maison sans les cueillir !

Marie

Quoi donc ?

Robin (*enchanté*)

On va les dessiner !

Marie

Oui ! Quelle bonne idée ! Papy ! Mamie ! Vous pouvez nous aider à dessiner de belles fleurs ?

Robin

Oui ! Comme ça, Marie et moi on va les colorier !

Leopold

Bien sûr les enfants !

Caroline

Je vais chercher des feuilles et les crayons de couleur.

Robin et Marie s'adressent alors au public :

Robin

Si vous avez des fleurs dans votre maison, n'en achetez plus !

Marie

Oui. Laissez-les vivre et on vous fera plein de beaux dessins à la place ! Avec tout plein de fleurs, c'est promis !

Robin

Et ce sera tout aussi joli !

Noir.

FIN

Cinquième pièce :

La maîtresse s'arrache les cheveux !

La maîtresse s'arrache les cheveux !

Madame Jeannot est une institutrice très douce et patiente avec ses élèves. Elle n'a pas assez d'autorité avec eux et certains en profitent. C'est notamment le cas de Marc, Dimitri et Xavier, trois petites terreurs qui ont décidé de rendre chèvre la pauvre femme !

Les personnages :
Marc, Dimitri, Xavier et Camille : *les élèves,*
Madame Jeannot : *l'institutrice.*

Comme chaque matin, Madame Jeannot s'installe à son bureau et distribue les cahiers de ses élèves. C'est alors que Camille, une petite fille de 7 ans, se met à pleurer :

Camille

Maîtresse ! Maîtresse ! Marc n'arrête pas de me tirer les cheveux !

Madame Jeannot

Marc, s'il te plaît, laisse Camille tranquille.

Dimitri (*s'adressant à Madame Jeannot*)

Maîtresse, pourquoi vous lui dîtes s'il vous plaît ? Vous n'avez pas besoin ! Il doit la laisser tranquille un point c'est tout. Vous êtes trop gentille !

Marc (*à Dimitri*)

Je t'ai demandé quelque chose à toi ? Occupe-toi de tes affaires !

Xavier

C'est vrai maîtresse, vous êtes trop gentille.

Camille

Aie ! Il recommence ! Maîtresse ! Il me donne des coups avec sa règle maintenant !

Madame Jeannot

Ça suffit Marc maintenant ! Dis-moi, tu veux faire des lignes ?

Marc

Non merci ça ira ! J'en ai déjà eues la semaine dernière, j'ai ma dose.

La maîtresse ne dit rien et continue de distribuer les cahiers. Voyant qu'elle ne réagit pas à l'insolence de Marc, Dimitri décide d'intervenir et demande à Madame Jeannot :

Dimitri

Vous ne dîtes rien ?

Madame Jeannot

Comment ça Dimitri ?

Dimitri

Vous avez vu comment il vous répond ? Et vous ne dîtes rien ! (*l'imitant avec une petite voix*) Attention, c'est pas bien Marc, s'il te plaît fais-moi des lignes !

Camille (*en colère contre Dimitri*)

Ne te moque pas de la maîtresse !

Dimitri

Je ne me moque pas ! Mais on peut tout faire avec elle !

Madame Jeannot

Vous me fatiguez. Ouvrez vos cahiers de mathématique page 22 les enfants.

Xavier

Maîtresse ! Mon cahier ne va que jusqu'à la page 21 !

Dimitri

Eh, c'est cool ça ! Le mien aussi ! Comme c'est dommage maîtresse, on ne va pas pouvoir faire de mathématiques aujourd'hui…

Madame Jeannot

Vous vous croyez drôles…

Marc (*sûr de lui*)

Désopilants même !

Madame Jeannot

Camille, dis-moi à quelle page s'arrête ton cahier de mathématiques ?

Camille

Page…

Marc tire les cheveux de la petite fille et lui ordonne :

Marc

Dis page 22 ! Compris !

Camille (*se mettant à pleurer*)

Page vingt-deux, maîtresse.

Madame Jeannot

Mais c'est fou ça ! Mon cahier comporte 52 pages ! Bon, passons... Nous allons faire une dictée.

Xavier

Maîtresse ! Mon stylo ne fonctionne plus !

Madame Jeannot

Prends-en un autre Xavier.

Xavier

Ils ne marchent pas non plus !

Madame Jeannot

Tu te moques de moi ?

Xavier

Non…. Bien sûr que non !!! Je ne me permettrais pas !

Madame Jeannot

Demande à ton camarade de t'en passer un ! Marc prête un stylo à Xavier s'il te plaît !

Dimitri (*se moquant de la maîtresse*)

Et voilà ! Ça recommence, le fameux s'il te plaît !

Marc

Non, je ne veux pas lui prêter de stylo ! Xavier, c'est une limace, il bave sur tous ses bics !

Xavier

C'est pas vrai !!!

Marc

Si c'est vrai ! Je n'ai jamais vu quelqu'un baver autant que toi ! Même les escargots de mon jardin, ils en laissent moins !

Camille

Ah ! Vous êtes dégoûtants ! Maîtresse, je peux aller aux toilettes ?

Dimitri

Tu as oublié le : s'il vous plaît. Elle ne va pas vouloir !

Camille

Maîtresse, je dois faire pipi !

Xavier

Quelle pisseuse celle-là…

Camille (*pleurant*)

Je ne suis pas une pisseuse !

Xavier

Si ! Et une chouineuse en plus ! Ah c'est bien les filles ça !

Madame Jeannot

Va aux toilettes Camille.

Xavier (*à Camille*)

Chouineuse !

Marc (*à Camille*)

Pisseuse !

Camille sort de scène.

Dimitri

Eh ! C'est cool les gars ! Grâce à Camille, on interrompt la dictée !

Marc

C'est vrai ça !

Camille revient sur scène.

Dimitri

Déjà !

Madame Jeannot

Allez, on reprend les enfants.

Camille

On reprend quoi maîtresse ? On n'a encore rien commencé !

Madame Jeannot

Prenez vos stylos !

Xavier

Je n'en ai toujours pas !

Madame Jeannot

Quelqu'un peut-il prêter un stylo à Xavier ?

Silence. Aucun écolier ne répond.

Dimitri

Je crois que personne n'en a envie ! On tient à nos affaires quand même ! On n'a pas envie de trouver de la bave dans nos trousses !

Madame Jeannot
(tendant un stylo au petit garçon)
Tiens Xavier, je te prête un des miens ! Commençons cette dictée...

Xavier prend le stylo à bille et se rassoit.

Madame Jeannot
Bien, écrivez : Les enfants jouaient dans la cour, mais la sonnerie retentit. Alors, les écoliers se précipitèrent sous le préau pour regagner leur rang.

Dimitri

Maîtresse ?

Madame Jeannot

Oui Dimitri ?

Dimitri

Il pleuvait ?

Madame Jeannot

Comment ça il pleuvait ? Mais je n'en sais rien mon garçon !

Dimitri

Parce que moi je me dépêche de regagner le préau seulement quand il pleut ! Peu importe si la sonnerie retentit !

Marc

Pareil pour moi !

Madame Jeannot surprend alors Xavier en train de dormir sur sa table ! Elle lui dit :

Madame Jeannot

Xavier ??? Mais enfin ! Je rêve ! Tu te crois où ?

Xavier (*surpris*)

Hein ? Heu…oui, mais ce n'est pas ma faute, elle est soporifique cette dictée !

Dimitri

Maîtresse ! Maîtresse !

Madame Jeannot

Oui Dimitri ?

Dimitri

C'est bientôt l'heure de la récré ! Dans très exactement trois minutes et quinze secondes ! Attention le compte à rebours est enclenché…. Trois minutes treize, trois minutes dix, trois minutes huit…

Madame Jeannot

Bon les enfants, on la finit cette dictée ?

Marc

Ben non ! Même le texte de votre dictée dit que la sonnerie va bientôt retentir et que nous allons devoir aller en récré !

Dimitri

Maîtresse, je vous propose de reprendre la dictée après la pause, mais seulement si on s'est bien amusé !

Xavier

Oui, à condition d'avoir une bonne récréation ! Bien longue ! On travaillera mieux après ! Là, nous sommes trop fatigués pour pouvoir nous concentrer !

Camille

Moi j'ai envie de jouer à l'élastique.

Xavier

C'est bien des jeux de fifilles ça !

Camille (*pleurant*)

Je ne suis pas une fifille…

Madame Jeannot

Camille…Cesse donc de pleurer…

Camille

Maîtresse… Je ne suis pas une fifille ! Ils sont tout le temps méchants avec moi les garçons de la classe !

Dimitri (*à Camille*)

Fifille à sa mémère… !

Madame Jeannot

Dimitri, arrête de provoquer Camille…

Devant le manque de fermeté de leur maîtresse, les écoliers s'en donnent à cœur joie. Dimitri et Marc tirent les cheveux de Camille, cette dernière pleure tant qu'elle peut, quant à Xavier, il se lève, monte sur sa chaise et se met à se trémousser en chantant ! Madame Jeannot, qui jusqu'à présent était si calme, sent la moutarde lui monter au nez et se met alors à hurler comme elle n'a jamais fait, en montrant du doigt chacun des élèves :

Madame Jeannot

Çà suffffiiiiiiittttt !!!! Dimitri et Marc !!! Vous vous rasseyez sur-le-champ et vous cessez immédiatement de tirer les cheveux de Camille !!! Camille, tu arrêtes immédiatement de chouiner ! C'est insupportable à la longue !!! Xavier, tu te rassois tout de suite, ce n'est pas une piste de danse ici !!!! C'est une salle de classe !!! Et maintenant, on continue cette foutue dictée c'est compris ??? Est-ce que c'est compris bande de merdeux ???

La maîtresse est au paroxysme, elle est rouge de colère, ses mains tremblent. Les élèves s'arrêtent net et la regardent interdits. La voyant dans cet état, ils n'osent plus rien dire et se rassoient aussitôt. Madame Jeannot poursuit, toujours très en colère :

Madame Jeannot

Vous m'avez usée jusqu'au bout ! Je ne disais rien jusqu'à présent mais maintenant, les choses vont changer ! Vous m'entendez ??? Je n'admettrai plus aucune insolence ! Plus aucun tirage de cheveux ! Plus aucun endormissement ! Plus aucune danse ! C'est clair ??? Bande de petits imbéciles ??? Désormais, vous allez filer droit ! C'est moi qui vous le dis !!!

Les écoliers n'en reviennent pas ! Ils n'osent plus bouger ni même répondre quoi que ce soit ! La sonnerie de la récréation retentit et aucun élève n'ose se lever !

Madame Jeannot (*toujours en criant*)
Eh bien bande de petits merdeux, vous ne vous levez pas ??? Elle est arrivée votre récré adorée !!! Vous ne savez faire que ça de toute façon : jouer, jouer et encore jouer !!! Et vous n'avez rien dans la caboche !!! C'est comme ça que vous allez trouver un travail plus

tard… ? Que vous deviendrez d'honnêtes citoyens ?

Camille se met à pleurer discrètement. Madame Jeannot lui rappelle, toujours en colère :

Madame Jeannot
Qu'est- ce qu'il y a encore Camille ??? Je t'ai demandé d'arrêter de chouiner il me semble ! Non ?

Camille
Oui maîtresse.

Au bout d'un moment, Xavier se met à bredouiller :

Xavier

Je préfère rester en classe maîtresse, il y en aura d'autres des récréations.

Marc

Moi aussi maîtresse.

Dimitri

Moi aussi maîtresse.

Madame Jeannot (*se calmant*)

Vous préférez travailler plutôt que d'aller en récréation ?

Marc, Dimitri, Camille et Xavier

Oui maîtresse.

Madame Jeannot

Bien. Mais maintenant c'est moi qui ai Besoin de faire une pause. Je vous demande donc d'aller en récréation. Filez !

Camille

Mais….

Madame Jeannot

(*hurlant à en faire frémir les murs*)

Filllllleeeeeeeezzzzzzzzz !!!!!!!!

En voyant cela, les élèves se précipitent dehors et ne demandent pas leur reste ! La maîtresse se retourne alors vers le public et s'éponge le front avant de leur confier :

Madame Jeannot

Tout de même ! Moi je peux vous le dire, ils ne sont pas faciles vos enfants ! (*s'adressant à un monsieur*) Ton petit Xavier là, hein, eh ben c'est loin d'être un saint ! En même temps, je commence à comprendre pourquoi quand je te vois ! (*puis s'adressant à une dame*) Et toi là ? Oui toi qui te caches derrière le monsieur, je te vois ! C'est bien toi la maman de Camille… Hein ? Eh bien ta petite pisseuse, tu ferais bien de la couver un peu moins comme une poule, si tu veux qu'elle arrête de chouiner à tout bout de champ ! (*puis à un couple*) Et vous là, les parents de Marc, il va falloir serrer la vis, il file un mauvais coton votre garçon ! Je ne vais pas le faire à votre place, ce n'est pas mon rôle ! L'éducation c'est à la maison, pas à l'école ! (*s'adressant à une autre personne*) Haaaaahhhhh, vous pensiez que je vous avais oubliés, vous, les parents de Dimitri... (*avec un petit sourire en coin*) Eh bien non.... Votre fils, comment dire ? Euh... eh bien, c'est une plaie, tout simplement, il entraîne tout le monde vers le fond !!! Si vous voulez que je le dresse moi votre fauve, ça va être vite réglé ! J'ai l'air bien gentille comme ça hein, mais bon faut pas pousser mémé…dans les orties… !

Noir.

FIN

Sixième pièce :

Plus tard je serai...

Plus tard je serai...

Six enfants d'une dizaine d'années sont dans le bus qui les conduit à la piscine municipale. Durant le trajet, chacun discute et rêve de sa vie future.

***Les personnages de cette histoire** :*
***Gaël** : écolier,*
***Maurice** : écolier,*
***Marco** : écolier,*
***Julie** : écolière,*
***David** : écolier,*
***Sylvie** : écolière.*

Maurice

Moi, quand je serai grand, je deviendrai professeur d'aïkido !

Gaël

C'est quoi l'aïkido Maurice ?

Maurice

C'est un sport de combat, c'est génial !

Marco

Pourquoi ce sport et pas un autre ?

Maurice

Parce que je pourrais apprendre aux gens à se défendre tout en douceur, en utilisant la force de l'adversaire ! J'en fais de l'aïkido et je suis balaise, hé !

Marco

Moi quand je serai grand, je serai policier ! Pour arrêter les méchants et faire régner la justice !

Gaël

Moi, je deviendrai pompier pour sauver plein de vies !

Sylvie

Moi je serai maîtresse d'école pour apprendre plein de choses aux enfants !

David

Moi je serai médecin pour soigner les maladies ! Les médecins se font rares de nos jours, il en faut plein sinon, qui va nous soigner après ?

Julie

Et moi, je voudrais devenir fleuriste pour pouvoir faire de jolis bouquets à ma maman tous les jours !

Gaël

Et si la vie nous en empêchait ? Si en grandissant, nous sommes obligés de faire autre chose ?

Marco

Mais non voyons ! Mon père dit toujours qu'il faut croire en ses rêves ! C'est comme ça qu'on y arrive !

David

Ton père a raison.

Sylvie

Venez, on va s'amuser ! On va jouer nos futurs métiers !

Maurice

Très bonne idée ! Je commence !

Maurice se met dans la peau du professeur d'aïkido et demande à ses camarades de jouer le rôle des élèves. Chacun s'assoit en tailleur devant lui et Maurice commence ses explications :

Maurice

Bien, j'ai besoin d'un volontaire ! Toi ! (*désignant Marco*) Viens ! (*Marco le rejoint*) Nous allons commencer une technique et vous allez tous la reproduire après moi.

Le petit garçon s'amuse à faire une technique et immobilise son petit camarade au sol, puis il clame fièrement :

Maurice
Allez, à vous !

Les enfants se mettent à rire et s'en donnent à cœur joie, puis David propose :

David

À mon tour ! À mon tour ! Vous allez être mes patients ! Allongez-vous tous sur le sol, je vais voir de quelle maladie vous souffrez... (*se dirigeant vers Marco*) Toi, tu as la gorge rouge et gonflée, je te prescris des sucres d'orge, (*se dirigeant vers Julie*) Toi, hummmm c'est plus compliqué, tu as une fracture du pied, je te prescris donc des béquilles et un nouveau doudou pour te consoler (*se dirigeant vers Maurice*) Voilà ce que c'est que de trop faire de sport, tu m'as cassé tes deux bras ! Je vais devoir te donner de la lecture, beaucoup de bandes dessinées pour passer le temps !

Maurice
Chouette ! J'adore les BD !

David (*examinant cette fois-ci Gaël*)
Oh toi, tu souffres d'un gros chagrin à cause d'une mauvaise note que tu as eue à l'école ! Alors, pour toi, je vais te prescrire un gros sachet de carambars et une interdiction formelle de retourner à l'école ! (*examinant Sylvie*) Oh toi, Sylvie tu souffres parce que tu as été très méchante avec l'une de tes

meilleures amies et tu t'en veux, je te prescris donc des lignes de conduite en tant que meilleure amie ! Tu devras m'écrire 200 fois : je ne traiterai plus mes amis ainsi !

Julie (*riant*)

Hi ! Hi ! Hi ! C'est trop drôle ! Quel médecin ! Je n'ai jamais entendu un docteur aussi peu sérieux !

Marco

À moi ! À moi ! C'est mon tour ! Je vais être un policier fantastique ! Je vais tous vous arrêter pour des délits que vous avez commis et qui sont très graves !

(*pointant du doigt Maurice*) Toi ! Je t'arrête pour le vol d'un pot de confiture dans le placard de ta mamie !

Maurice

Mais… Mais comment le sais-tu ?

Marco

Un policier sait tout ! C'est la justice même ! Et je te punis aussi ! Tu devras me faire… quatre pompes pour ce vol impardonnable !

Maurice s'exécute en riant. Marco pointe alors du doigt Julie.

Marco

C'est ton tour ma grande… Qu'as-tu à dire pour ta défense ?

Julie

Mais je ne sais même pas de quoi je suis accusée !

Marco

C'est vrai… Mais faute avouée est à moitié pardonnée alors, j'attends que tu me dises tout !

Julie

Bon d'accord… J'ai copié sur Cathy la semaine dernière en classe, mais seulement pour un exercice de mathématiques.

Marco (*d'un air sévère*)
C'est tout ?

Julie
Non, j'ai aussi déchiré le pantalon de mon frère, car j'avais besoin de tissu pour faire une robe à ma poupée…

Marco
Mais encore ?

Julie
Heu… Je … Je…

Marco

Vas-y ! Si tu avoues tout, je me montrerai clément !

Julie

D'accord… Alors voilà : J'ai retardé les réveils de la maison pour arriver en retard au contrôle d'histoire, j'ai donné ma côté de porc au chien alors que maman me l'avait interdit, j'ai mis des punaises dans le lit de ma sœur, j'ai fait tomber le grand cadre du salon et j'ai dit qu'il était tombé tout seul… J'ai fait un crochepied à Antoine dans la cour, j'ai fait exprès de vomir mes épinards, j'ai…j'ai…j'ai fait tomber ma brosse à dents dans les toilettes pour ne plus me laver les dents, j'ai lavé la voiture de papa avec de la javel, j'ai défait les colliers de perles de maman pour les refaire en y rajoutant mes perles, j'ai mangé tous les biscuits au chocolat et j'ai laissé dans les boîtes vides les miettes pour les autres…

Gaël

C'est un vrai confessionnal ma parole ! Tout ça ! Tu as fait tout ça ?

Julie

Oui… Mais c'est tout pour l'instant.

Marco

Bien, alors Julie… vu toutes les bêtises que tu as faites, tu as le droit à la sentence suprême !

Julie

Mais tu avais dit que j'allais être pardonnée si j'avouais tout !

Marco (*un petit sourire en coin*)

Eh bien… J'ai changé d'avis ! Alors, tu auras droit à …(*tous retiennent leur souffle*) à l'école pour l'éternité !!!

Julie

Non ! Non ! Pitié pas ça ! Pas ça Monsieur le policier !

Sylvie

C'est à moi ! Allez, je vais être votre institutrice pour aujourd'hui ! Asseyez-vous là et sortez-moi vos torchons !

Marco

Hi hi ! Tu parles vraiment comme la maîtresse !

Sylvie

C'est elle qui m'a tout appris ! Bon, alors… nous allons commencer par vérifier si vous avez bien fait vos devoirs les enfants. J'espère pour vous d'ailleurs que vous ne les avez pas oubliés !

Julie

Regardez maîtresse, moi j'ai tout fait !

Marco

Quel lèche-bottes celle-là !

Sylvie

Marco, n'insulte pas ta camarade ou tu n'auras pas de biscuit à quatre heures !

Marco

D'accord maîtresse, j'attendrais 16h30 alors pour le faire !

Maurice

Maîtresse, mon chien a mangé mon cahier d'exercices !

Sylvie

Maurice, tu me copieras 100 fois : j'attendrai que mon cahier d'exercices soit entièrement terminé avant de le donner à manger à mon chien !

Maurice

D'accord maîtresse !

Sylvie

Bon, je vois que vos exercices ont bien été réalisés. C'est parfait. Que souhaitez-vous faire aujourd'hui les enfants ? Je ne suis pas d'humeur à travailler !

Gaël

Chouette alors ! Quelle chouette instit ! Tu es géniale ! Bon si on regardait un film alors maîtresse ?

Maurice

Carrément ! Et on peut faire un foot après ?

Marco

Yes ! Et après, on prend un bon goûter, maîtresse ?

Julie

Avec plein de chocolats ! Et des glaces aussi !

Sylvie

OK les enfants ! Très bon programme, cela me convient parfaitement ! Organisons-nous bien pour faire en sorte que cette journée soit magnifique, un jour gravé dans l'histoire de notre école !

Gaël

Tu es géniale Sylvie ! Si seulement la maîtresse pouvait en prendre de la graine !

Marco

Oui, elle aurait des élèves motivés, elle qui n'arrête pas de se plaindre de ça !

Gaël

À mon tour les copains ! Je vais vous sauver ! Sauver ou périr, c'est ma devise !

Sylvie

C'est les pompiers qui disent ça ?

Gaël

Oui ! Allez ! On joue ! Un grand incendie s'est déclaré et je dois vous secourir et vous sortir des flammes !

Vous êtes toute une famille coincée dans un immeuble en feu ! Les filles, allez-y : vous criez au secours ! Au secours !

Julie et Sylvie

D'accord. Au secours ! Au secours ! Venez nous sauver ! Au secours ! Au secours !

Julie

Attendez une minute... Pourquoi sommes-nous les seules à crier ?

Maurice

Parce que les filles c'est froussard ! Ça crie et ça pleure pour un rien !

Sylvie (*en colère*)

C'est pas vrai ! On est aussi courageuses que vous ! En plus, il y a même des femmes pompières d'abord ! Alors, arrêtez un peu de dire n'importe quoi !

Marco

On vous taquine les filles !

Gaël

Bon eh ! Arrêtez de discuter et de me couper dans mon élan ! La situation est grave, il faut rester sérieux, je dois TOUS vous sauver !

Les enfants se mettent à crier au secours et tendent les mains vers Gaël. Ce dernier fait semblant d'éteindre un incendie et se précipite ensuite vers eux :

Gaël

Venez ! Venez ! C'est bon, j'ai éteint toutes les flammes, vous pouvez sortir en toute tranquillité maintenant, vous ne risquez plus rien !

Julie (*se jetant au cou de Gaël*)

Oh, mon sauveur ! Mon héros ! Heureusement que vous m'avez sauvée avec toute ma famille ! Par contre, vous n'étiez pas obligé pour mon frère ! Vous savez : combien de fois j'ai souhaité lui tordre le cou tellement il est méchant avec moi !

Gaël

Un pompier sauve tout le monde mademoiselle ! C'est un devoir ! (*puis il s'adresse au public*) On n'est pas assez de pompiers à la caserne vous savez, en plus les gens ne sont pas toujours gentils avec nous. Parfois, on intervient pour sauver la vie de certaines personnes et on se fait jeter des pierres sur nos camions ! Pourquoi ? Ce n'est pas normal. On est déjà assez épuisés comme ça ! J'aimerais tellement que les gens puissent nous respecter davantage. Qu'est-ce qu'ils feraient sans nous ?

Julie

C'est à moi ! À moi ! À moi ! À moi ! À moi ! (*se dirigeant vers Gaël*) Tiens, je t'offre ce bouquet de fleurs pour nous avoir tous sauvés !

Gaël

Merci.

Julie dit ensuite à ses petits camarades :

Julie

Aujourd'hui, c'est jour de marché et vous allez tous acheter mes belles fleurs, d'accord ?

Gaël, Sylvie, Maurice, Marco et David
D'accord !

David (*à Julie*)
Je voudrais un bouquet de violettes pour ma grand-mère !

Julie (*le reprenant*)
On dit bonjour pour commencer, je ne suis pas un chien !

David

Holà ! Pardon ! Pardon ! Je vois que je vous ai vexée !

Julie

Pas du tout, mais c'est le béaba monsieur !

David

Vous n'allez pas avoir beaucoup de clients si vous leur parlez de cette façon, madame !

Julie

La fleuriste que je vais voir avec maman est comme ça avec tout le monde ! Surtout au marché !

Marco

Et elle ne se prend pas ses fleurs dans la figure ?

Julie

Non, pas encore. Bon alors, vous vouliez des violettes pour votre grand-mère c'est ça ?

David

Oui, s'il vous plaît et merci, Madame la fleuriste !

Julie

Je vois qu'on s'améliore, c'est bien. Tenez monsieur, ça fera 50 euros !

David

50 euros ??? Pour un bouquet de fleurs ??? Et en plus, des fleurs fanées !

Julie

Elles n'étaient pas fanées avant que Monsieur ne les prenne en main !

David

Parce que c'est de ma faute si elles sont fanées ???

Julie

Oui !

Maurice

Pourquoi ça ?

Julie

Parce que monsieur les a serrées trop fort dans ses mains !

David

C'est pas juste !

Julie

Vous avez raison… Je vous les fais à 40 euros !

David

C'est trop cher !

Julie

Tant pis pour vous ! Suivant !

Marco (*à Julie*)

Je voudrais acheter un bouquet de roses blanches. Ma maman les adore, mais non fanées je vous prie !

Julie

D'accord. Je te fais les 10 pour 5 euros !

David (*révolté*)

Quoi ? Et pourquoi moi j'ai dû payer 40 euros pour des fleurs pourries ?

Julie

Parce que tu m'as énervée dès le début de la transaction, alors tant pis pour toi, la prochaine fois, tu seras poli !

Maurice

Bon on s'amuse là, mais ce n'est pas comme ça dans la vie de tous les jours. Et si on expliquait au public pourquoi on a vraiment choisi ces métiers ?

Gaël, Julie, David, Sylvie et Marco
D'accord.

Les enfants s'adressent au public :

David

Moi, je serai fier d'être médecin quand je serai grand, car être là pour les autres au quotidien, c'est une belle chose !

Sylvie

Moi je serai maîtresse d'école pour avoir le plaisir de transmettre des connaissances et pour que les enfants aient une tête bien faîte ! La culture c'est important dans la vie ! Ça permet d'être au top quand on est grand !

Julie

Moi je serai fleuriste pour avoir le plaisir de voir des personnes offrir de beaux bouquets de fleurs et ma boutique sentira tellement bon ! Ce sera comme si j'offrais tout plein d'amour aux gens !

Gaël

Moi je serai pompier pour sauver tout plein de vies et puis pour toutes les belles valeurs que ce métier comporte comme : le courage, la droiture, l'humilité et le respect des autres.

Maurice

Moi quand je serai professeur d'aïkido, je transmettrai à mes élèves les valeurs de ce sport magnifique. J'aurai tellement de plaisir à pratiquer et à leur apprendre toutes les techniques ! Hé ! Il faut de la relève aussi !

FIN

Septième pièce :

Un cours de danse

Un cours de danse

Trois petites filles sont à leur cours de danse classique. Elles sont passionnées par cette discipline, mais dès que Zoé, leur prof a le dos tourné, les fillettes n'hésitent pas à critiquer les garçons qui eux, ne savent pas danser !

***Les personnages** :*
***Valérie**, une petite danseuse,*
***Maelle**, une petite danseuse,*
***Marina**, une petite danseuse,*
***Abdel**, un petit danseur,*
***Christophe**, un petit danseur,*
***Zoé**, la prof de danse.*

La musique démarre, les petites danseuses se mettent en place et commencent leur cours. Zoé est très exigeante et parfois, même si les petites filles adorent la danse, elles ont bien du mal avec le caractère de Zoé.

Zoé

Allez, on tient la position mesdemoiselles, la tête bien haute, on regarde bien au loin et on n'oublie pas de respirer ! Marina, relève-moi un peu ce menton, je ne t'ai pas demandé de regarder tes pieds je crois !

Marina

Oui madame.

Zoé

Allez, on se met en première position, les bras en seconde et on ne laisse surtout pas tomber les coudes ! Valérie, qu'est-ce que j'ai dit pour les coudes ? La musique est trop forte, tu ne m'entends pas ?

Valérie

Si Madame.

Zoé

Maelle ! Ton dos ! On dirait une tortue,

je ne t'ai pas demandé de faire un dos rond ! Redresse-moi tout ça !

Maelle
Oui Madame.

Zoé
Je vous laisse deux minutes, continuez à travailler mesdemoiselles et en silence je vous prie !

Les fillettes s'exécutent et se concentrent sur leurs mouvements, mais elles ne peuvent pas s'empêcher de discuter !

Valérie

Oh bon sang, quel gendarme cette prof ! Comme dirait mon frère, qu'est-ce qu'elle me les brise !

Maelle (*riant*)

Tu ne peux pas dire ça, tu n'es pas un garçon !

Marina

C'est vrai qu'elle est particulièrement pénible ces derniers temps, elle doit être enceinte !

Valérie (*riant*)

Cool ! Elle va pouvoir nous apprendre à rouler !

Les fillettes se mettent à rire.

Maelle

Elle est mariée vous croyez ?

Marina

Si c'est le cas, je plains son mari !

Valérie

Ce n'est pas grave qu'elle soit si dure avec nous parfois, c'est pour qu'on soit parfaites, vous savez. La danse demande beaucoup de rigueur et de discipline. On n'a pas le choix ! C'est comme ça !

Marina

C'est sûr mais pour une danseuse, elle ne sourit pas beaucoup je trouve ! Elle ne fait que critiquer et crier !

Maelle

Mais elle danse tellement bien par contre ! On n'a pas besoin de copier son caractère de chien, on retient juste les mouvements qu'elle nous apprend !

Valérie

Oui, on va devenir de vrais petits rats d'opéra ! Au fait, vous savez que Christophe et Abdel se sont mis à la danse aussi ? Dans la salle d'à côté ?

Marina (*étonnée*)

Non ???

Maelle (*riant*)

Ça alors ! Ces deux terreurs se sont inscrits à la danse ! Qu'est-ce que je ne donnerais pas pour les voir danser ! Ce doit être tellement drôle !

Abdel et Christophe entrent alors dans la salle où répètent les filles. Ils gesticulent dans tous les sens et se mettent à danser de manière ridicule !

Valérie

Ben tiens ! Quand on parle du loup !

Abdel

Eh ! Regardez les filles ! Nous aussi on sait danser ! Ha ! ha !

Les fillettes se mettent à pouffer de rire.

Valérie

Pfffff ! Mais c'est n'importe quoi cette danse ! Qu'est-ce que c'est ? La danse des anguilles ???

Les deux garçons continuent de remuer.

Christophe

Vous ne savez vraiment pas ce que c'est que la danse alors ! C'est du hip hop ! C'est trop bien !

Valérie

Mon frère en fait du hip hop, il se débrouille très bien d'ailleurs et ça ne ressemble pas du tout à ce que vous dansez !

Abdel

Vous ne savez pas reconnaître les vrais talents ! C'est tout ! Prenez-en de la graine !

Maelle

En vous voyant, je préfère la danse classique !

Christophe

Il en faut pour tous les goûts ! Les filles c'est les tutus et les garçons, par contre, ça danse vraiment ! Nous, ce qu'on fait, c'est une vraie chorégraphie, elle est où votre chorégraphie à vous ?

Abdel

Oui c'est vrai ça ! C'est bien beau les premières et les secondes…et je lève le pied sur la barre et je m'étire… C'est tout ce que vous faîtes ? Moi aussi je m'étire tous les matins en me réveillant et je ne dis pas que je danse !

Marina

Vous ne connaissez rien à cet art. Les garçons de toute façon, ça ne comprend rien à rien ! Il y a un fossé entre vous et nous ! Laissez-nous vous montrer ce que c'est que de la vraie danse classique ! Là, vous arrivez en plein échauffement, c'est normal !

Christophe

Allez-y qu'on se marre un coup !

Les fillettes commencent une petite chorégraphie sur une jolie musique, mais c'est alors que Zoé revient. Voyant les deux jeunes garçons, elle les regarde sévèrement et leur ordonne :

Zoé

Dîtes donc jeunes gens... Le hip-hop c'est la salle d'à côté ! Qui vous a donné le droit de venir perturber ces demoiselles pendant leur échauffement ?

Abdel

On est venu leur montrer ce que c'est que de la vraie danse !

Zoé

Comment ça de la vraie danse ? Qu'est-ce que tu insinues ?

Abdel

Que le hip hip, c'est top ! C'est la meilleure de toutes les danses !

Maelle

Je ne suis pas d'accord avec toi. Toutes les danses sont jolies, il n'y en a pas une qui soit plus belle qu'une autre. Même si je préfère la danse classique, je n'ai jamais pensé que les autres danses étaient nulles.

Valérie

Tu as raison Maelle. Il n'y a que les garçons pour penser ça !

Marina

Arrêtons de nous disputer, ça ne sert à rien. Madame ? Je viens d'avoir une idée.

Zoé

Je t'écoute Marina.

Marina

Si nous préparions un spectacle de fin d'années avec tous les styles de danse différents ? Ce serait formidable de voir tout le monde danser sur scène !

Abdel

C'est une excellente idée Marina ! Tu sais, on plaisantait quand on disait que la danse classique c'était nul.

Christophe

Oui, toutes les danses sont jolies à voir ! (*s'adressant à Zoé*) Madame ? On peut préparer un spectacle tous ensemble ? S'il vous plaît ?

Zoé réfléchit longuement, puis se met à sourire avant de répondre aux enfants :

Zoé

C'est d'accord les enfants. C'est une très bonne idée. À condition bien sûr de laisser travailler mes élèves, compris les garçons ?

Abdel et Christophe

Oui madame.

Maelle

Madame ?

Zoé

Oui Maelle ?

Maelle

Ça vous va bien de sourire. Vous êtes très jolie quand vous souriez.

Zoé est très touchée. D'un air gêné, elle répond à la fillette :

Zoé

Je te remercie Maelle. C'est très gentil. Vous savez, je reconnais que je suis un peu trop dure avec vous et même si c'est pour votre bien, je vous promets de changer.

Marina

Ne vous en faîtes pas. On le sait que c'est pour notre bien.

Maelle

Je suis tellement impatiente à l'idée de faire le spectacle de danse avec tout le monde ! C'est une idée formidable Christophe !

Abdel

Oui ! Vous voyez ! Tout finit toujours par s'arranger ! Je le savais ! Les disputes ne durent jamais bien longtemps !

Les enfants se rapprochent du public et leur demandent :

Abdel

Vous viendrez voir aussi notre spectacle de danse ?

Valérie

Oh oui ! S'il vous plaît ! Sans vous, ce ne sera pas pareil !

Christophe

On vous promet de bien travailler et que le spectacle sera très réussi !

Marina

Alors ? Vous viendrez nous applaudir ? Promis ?

Maelle

Vous pouvez déjà commencer ! Car c'est la fin de notre spectacle de théâtre ! Ça vous a plu ?

Valérie, Christophe, Marina, Maelle et Abdel :

Alors on reviendra ! Promis !

Noir. Salut.

FIN

Un petit clin d'œil aux professeurs de théâtre, amis, comédiens amateurs et professionnels avec qui j'ai partagé tant de bons moments sur scène. Mais aussi, à tous les petits comédiens en herbe qui souhaitent un jour découvrir les joies de monter sur une scène de théâtre et de vivre des moments riches en émotion.

*Loi n°49-956 du 16 juillet 1949 sur les
publications destinées à la jeunesse,
modifiée par la loi n°2011-525 du 17 mai 2011.*

© 2019, Valérie GASNIER

Édition : BoD – Books on Demand,

12/14 rond-point des Champs-Élysées, 75008 Paris.

Impression : BoD - Books on Demand, Norderstedt, Allemagne

ISBN : 9 782322 186686

Dépôt légal : novembre 2019